Udo Houben

windharfe

Gedichte

FSC www.fsc.org
MIX
Papier aus verantwortungsvollen Quellen
Paper from responsible sources
FSC® C105338

Udo Houben

windharfe

Gedichte

Fotografien vom Autor

LICHTpunkte Band 150

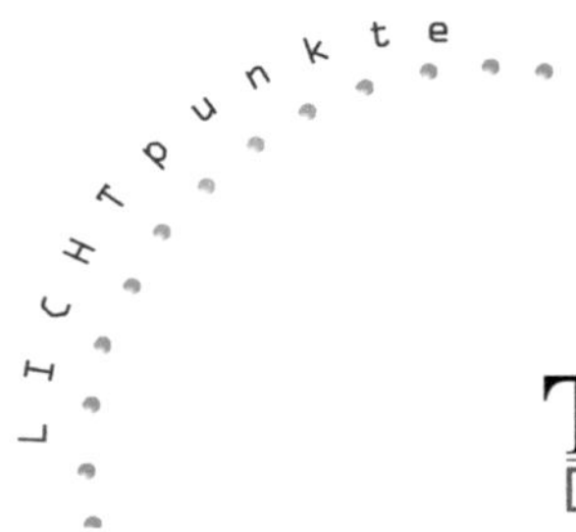

Bibliografische Information der Deutschen Nationalbibliothek
Die Deutsche Nationalbibliothek verzeichnet diese Publikation in der Deutschen Nationalbibliografie; detaillierte bibliografische Daten sind im Internet über http://dnb.d-nb.de abrufbar.

1. Auflage 2023

Herstellung: TRIGA – Der Verlag UG (haftungsbeschränkt)
GF: Christina Schmitt
Leipziger Straße 2, 63571 Gelnhausen-Roth
www.triga-der-verlag.de
E-Mail: triga@triga-der-verlag.de

Coverfoto: Udo Houben

Druck: Libri Plureos GmbH, Hamburg
Printed in Germany

ISBN 978-3-95828-338-1

»Das, was der Dichter sagen wollte,
ist das Gedicht.«

Reiner Kunze

»Besonders schwer
wiegen Gedichte nicht.«

Hans Magnus Enzensberger

windharfe

horch
bleib stehen
hör zu

der wind weht hindurch
zupft an den saiten
töne fliegen dahin

horch
bleib stehen
hör zu

gelb und weiß

in einer schönen vase
gelb aus porzellan
blüht eine weiße rose
einsam und allein
sie kann nicht zu mir kommen
die nähe ist zu weit

birke im herbstlicht

auf der birke gegenüber
im bunten blätterlaub
sitzt die rabenschar
ihnen trag ich
gedichte vor
sie krächzen vor vergnügen

bleib nüchtern

warum willst du zurück in den
schoß der mutter natur
sie ist keine mutter
sie bietet keine geborgenheit
kein heimeliges glück
in der natur geht es um
fressen und gefressen werden
mag der himmel azurblau sein
und der frühling sein güldenes band
durch die hellen lüfte wehen
die natur nimmt und gibt
waldbaden mit borkenkäfern

immerwährend

ein ende ist nicht absehbar
erdbeben und kriege
flucht und vertreibung
fluten und brände
der mensch verliert den boden
unter seinen füßen
er stellte kerzen auf
sind sie erloschen
nimmt der alltag sie
unter seine fittichen
und lässt sie arbeiten
reisen und fröhlich sein
bis sein ende naht

tide am himmel

der mond hängt zwischen den bäumen
er schaukelt
die starken äste biegen sich
im morgenlicht schwingt
der mond zurück und
überlässt der sonne den tag

blätterspiele

der wind wirbelte blätter
holte sie von den bäumen
eichen birken und buchen

er säuberte den garten
er kehrte den bürgersteig
kaum waren sie aufgeschüttet

erfasste der wind die blätter
und wehte sie ihm um die nase
federleicht blies er sie zurück

er machte eine pause
was soll dieser schabernack
rief er laut und tanz mir nicht
auf der nase herum

schildkröte esperanza

sie betraten den urwald
indigene baten den wald um einlass
es regnete ununterbrochen
eine schildkröte kroch auf dem waldboden
eliecer hob sie auf sprach sie an
bring uns zu den kindern
schildkröten können wünsche erfülllen
er legte sie auf den waldboden

was war geschehen
das kleinflugzeug war über
dem regenwald abgestürzt die mutter war tot
die geschwister lesly soleiny tien cristin
überlebten 40 tage im urwald
gnome schützten die kinder
der wald rückte sie nicht heraus
noch nicht

über einen lautsprecher drang die stimme
der großmutter tief in den wald
»ich bitte euch bleibt ruhig«
der regen hörte nicht auf
moskitos stachen zu
am 40. tag fanden sie die kinder
abgemagert dürr sie hatten überlebt
wie hatten sie das geschafft

eliecer hob die schildkröte auf

schmetterlinge

taubenschwänzchen sausen durch die luft
den nektar saugen sie im flug
apollofalter legen ihre eier
auf pflanzen und kieselsteine

zitronenfalter ertragen eisige kälte
im frühjahr sind sie früh zur stelle
staunend schaue ich ihnen zu
unhörbar segeln sie dahin

die kartoffelschälerin

schau hin
ich zeig es dir
der junge sah

wie die mutter eine kartoffel
in die linke hand nahm
ein küchenmesser
in die rechte hand

die kartoffel groß wie ein stopfei
am kopf setzte sie an das messer
flink drehte sie die kartoffel

das messer folgte der drehung
sie hob die lange schale in die höhe
eine duftende girlande

willst du es versuchen

worte können es nicht fassen

es ist still unter den weiden am fluss
kaum hörbar fließt das wasser dahin
die zwei liebenden schweigen
kostbar die zeit des verstehens
kein lautes wort bricht ein
ihre hände schweigen ineinander
es ist still unter den weiden am fluss

mediale bekenntnisse

sie sitzen im stuhlkreis
hören zu schauen sich an
moderatoren und -innen
(eingekleidete therapeuten)
lächeln freundlich zugewandt
allumfassendes verstehen
ergießt sich über ihre häupter

alle müssen es erfahren
dass sie mit ihren sorgen
und erinnerungen
nicht alleine sind
so will es der stuhlkreis –
welch ein verschleiß

armut ist in

löchrige jeans
zerrissene nylons
zottelige haare
fransen im gesicht
flüchtlinge staunen über
den reichtum der deutschen
und gehen online

warteschleife

sieben mädchen auf der bank
unweit der jungenschule
sie lachen kichern schauen hin
in sehnlicher erwartung –
wer taugt für eine gute partie

kalendarium

bis fünfzig mädel
ab fünfzig junge frau
ab siebzig mein altes mädchen
ab achtzig alterchen
die natur schmunzelt über
so viel vergänglichkeit

einvernehmlich

sie überraschte ihn
als sie sagte
ich bin schwanger

du kannst jetzt
zu mir ziehen
fügte sie noch hinzu
er lehnte ab

sie war einverstanden
war doch ihr innigster wunsch
in erfüllung gegangen

nicht zu verstehen

»ich will nicht einer sein
der den liebt
der ihn schlägt«
sagte der kleine edja

wer viel liebt
muss viel leiden
sag: ist das so
ist das wirklich so

ziemlich irrwitzig

ich gehe
die straße ist unmarkiert
steinig baumlos
unbekannt das ziel
fernab weiß ich bescheid
die ankunft kommt mit der zeit
dann bin ich da

auflehnung

die welt ist da
sie ist kein paradies
sie wird es niemals sein
jede generation stürmt voran
zerstört baut auf zerstört
die alten stehen am weg
die welt ist da für beide
seht hin schaut genau
die welt ist ungeteilt

»todesfuge«

für Paul Clean

schweig
sei still
leg ein seidentuch
über das gedicht
errichte ein »sprachgitter«
»die augen der sehenden sind leer«
wir sind zu nah
sei still
schweig

tektonikos

für H.J. Albrecht

der menschliche körper
zerlegt in eiserne platten
sie verschieben sich
türmen sich auf
fallen auf den grund
abgewickelt ist der mensch

widerrede

das wort
immer das letzte wort
was ist das für ein wort
genügt nicht das vorletzte wort
halt es fest
dieses wort

sechs meter lang

da sitzen zwei männer
am weißen marmortisch
abweisend kühl

? reden sie zueinander ?

die wörter erfrieren
sie hören sich nicht
eingeknickt sitzen sie

jeder für sich

es ist krieg | nun beten sie wieder

die menschen riefen die götter um hilfe
auf das frieden werde auf erden
die götter saßen am runden tisch
im blumengarten und aßen
die früchte vom baum der erkenntnis
und sie erkannten
was sie immer schon kannten
n i c h t s
sie winkten den menschen zu
diese klopften vergeblich am tor

Der Kriegsdienst ist eine Bekundung von
»Nächstenliebe nach dem Evangelium«,
Patriarch der russ.-orthod. Kirche;
in: FAZ.net 26.2.2022

mahlzeit

die männer sitzen am gedeckten tisch
genüsslich trinken sie ihren wein
plötzlich steht der verratene auf
und verrät den verräter

beide stehen sich gegenüber
schauen sich in die augen
das spiel kann beginnen
die spielregeln sind bekannt

einer wird verlieren
beide müssen sterben
(jeder auf seine art)

rücksichtnahme gibt es nicht
ein remis steht nicht im regelkatalog
seit big ben war das geplant

p.s.
es geht die mär die freundschaft
habe im jenseits nicht gelitten

meinungsfreiheit

er zeigte es
stumm zeigte der mann
ein weißes leeres blatt

die polizei schaute irritiert
(sie konnte nicht lesen)
die polizei ergriff den mann
und führte ihn ab

das weiße blatt
flog empor
und entkam

kerzen in der hand

mit einem wischmopp schleuderte der pope
geweihtes wasser über gläubige und ungläubige
diese bekreuzigten sich bis sie getrocknet waren
sie zogen heilfertig in die spezialoperation
(ehemals auch krieg genannt)
und erlebten eine freudlose auferstehung

auch russen lieben ihre kinder *

es ist nur ein manöver an der ostgrenze
in der früh überfielen russen den nachbarn
ihr bruderland seit anbeginn
der kiewer rus ist selbstbewusst
ob russen ihre kinder lieben

sie werfen bomben auf dörfer und städte
sie zerstören schulen und kliniken
sie vertreiben kinder und frauen
menschen fliehen es ist kalt
russen lieben ihre kinder

er will das land von nazis befreien
sagt der tyrann hinter roten mauern
er droht er flucht er lügt
wenn russen ihre kinder lieben
müssen sie den krieg beenden

sofort sogleich: JETZT

* Zeile aus dem Song »Russian« von Sting (1985)

ohnmächtiges glück

mit gitarren ohne knarren
und blumen im blonden haar
wandeln sie durch die stadt
fröhlich singen die guten menschen
von frieden und versöhnung

»wenn die brüder kommen
mit bomben und gewehren
dann woll'n wir sie umarmen
*dann woll'n wir uns nicht wehren«**

sie zogen weiter ins ukrainerland
umarmten bomben und raketen
und flogen mit ihnen in die luft
sie ließen sich nieder als weiße tauben
zwischen ural und roter mauer

ölzweige sind verdorrt

* K. Wecker in: FAZ vom 26.4.2022

geistesgaben

menschen erschaffen ihre götter
und glauben an sie
bleiben die gebete ungehört
werden sie abgesetzt
und durch neue ersetzt
götter wissen um ihre endlichkeit

bald sind alle gleich

alle sind betroffen
alle haben mitleid

sie jammen gemeinsam
sie klagen gemeinsam

und nicken betroffen
und sind ständig gekränkt

wer ein fröhlich liedchen singt
wird für immer ausgeschlossen

granica | was ist schon gerecht

an der grenze endete die gleichheit
männer müssen in den krieg
frauen bitten um asyl

sie machen sich wieder schön

männer sterben namenlos
posthum erhalten sie
die tapferkeitsmedaille

mantis religiosa oder abstruse natur

zum gebet die füße erhoben
wartet die gottesanbeterin
mit verführerischen düften lockt
sie männchen herbei
nähert sich ein männchen

das ihr nicht stark genug erscheint
hat sie es zum fressen gern
und saugt es leer
zum paaren nimmt sie
nicht den ersten besten

sie weiß der stärkere kommt

»mund bin ich geworden« *

werden und vergehen
ist wiederkehr
ohnegleichen

des gleichen
in den höhen
steinerner berge

des gleichen
in den tiefen
tosender meere

gedanken schmiegen sich ein
es zu verstehen

* Friedrich Nietzsche

mesopotamien

die griechen sagen für
»zwischen den flüssen« mesopotamia
ich wanderte zwischen rhein und maas
vorbei an niers und nette
durch felder und auen
aß spargel mit frühkartoffel
mit goldgelber butter
das flussdelta erreichte ich nicht
das meer hatte es verschlungen

*»Es gibt kein leuchtendes Grau« **

autos schnurren leise
unauffällig grau durch die stadt

grau eine nichtfarbe
grau für unentschlossene
grau für indifferenz
der asphalt ist grau
der himmel ist grau
der nebel ist grau
die vergreisung ist öffentlich
wirft graue schatten
das graue auto hat einen navi als diener
der ist diskret und schweigsam
betreutes fahren in einem
selbstgesteuerten autorollator

autos schnurren leise
unauffällig durch die graue stadt

*Ludwig Wittgenstein

art of eden

pygmalion streifte durch den bunten garten
frühlingsblumen lockten mit ihren düften
zwischen ihnen halb verborgen doch sichtbar
hatten künstler weibliche figuren aufgestellt
aus stein gehauen aus bronze gegossen
schön waren sie anzuschauen
schlank und vollbusig

pygmalion sehnte sich nach liebe
leidenschaftlich ziemlich ungestüm
doch keine der schönen frauen
ließ sein herz entflammen
aphrodite verweigerte ihm die bitte
ein schönes mädchen wach zu küssen
botticelli malte die göttin

venus entstieg der meeresmuschel
und ging in zypern an land
die schönste perle die je eine muschel trug

ein sanfter wind wehte ihre haare beiseite
nur der maler durfte ihre nacktheit erkennen
kein anderes auge hat sie je gesehen

und ging vorüber

auf dem sockel sichtbar
steht die stahlskulptur
der künstler kam
nahm die sprache

und baute einen turm
aus schönen worten
ohne zu verstehen

viele worte brauchte er
um zu sagen was nicht zu sehen ist
die sprachwolke verzog sich
die skulptur blieb rostfrei

traumschön

der junge kletterte auf die leiter
auf der obersten sprosse blieb er stehen
er breitete seine arme aus
eine weiße wolke wunderschön
umhüllte den jungen
und trug ihn davon
der vater winkte ihm nach
die leiter trug er ohne letzte sprosse
zurück in den schuppen

sonnenspiel auf der kellertreppe

die hortensie in einem irdenen krug
leuchtend weiß hell und blau
steht auf der obersten treppenstufe
die sonne wirft blütenschatten
sanft gleiten sie hinab
stufte für stufe
scherenschnitten gleich
bis zur letzten stufe
ein schattenspiel

utopia fern

seid umschlungen millionen
nun hört

das klima ist schuld: morgens
das klima ist schuld: mittags
das klima ist schuld: abends

die ohren sind taub
die augen blind

der mensch fährt ins blaue
und pflückt vergissmeinnicht

ich bin schon hier

der ehrgeiz hinterließ spuren
falten auf der stirn
die nase spitz
die lippen dünn
die wangen hohl

erschöpft legte sich
der hase zum igel
warum musst du laufen

fragte der igel
immer nur laufen

überfällig

ziele baumeln vor deinen augen
du hechelst hinterher
wie windhunde hinter falschen hasen

schneide die ziele ab
schnipp schnapp
dein atem geht ruhig
da | bist du

lebenslauf

bei der geburt wog das baby 3 630 g
intensives leben | neunundsiebzig jahre
bei seinem tod wog seine asche 3 830 g

schweigend nahm das meer die asche auf
im mutterleib schützte dich das fruchtwasser
ins wasser des lebens bist du nun zurück

diese frage

was hat sich der dichter dabei gedacht
nichts hat er sich dabei gedacht
die inspiration ging
dem erkennen voraus

nun kommt der leser ins spiel
mit seiner phantasie dringt er
in die verse ein und spürt
was er zuvor nicht wusste

das hat der dichter sich dabei gedacht

genus ohne geschlecht

das geschlecht wurde aus
der grammatik entfernt
niemand weiß mehr
heißt es die kind
oder der frau
oder gar das mann
weißt du es

von natur aus

mit wachen augen
mit offenem mund
läuft der mensch durch
straßen felder und auen

sein durst nach leben
ist nicht zu stillen
seine natur
begehrt zu wissen

er staunt

ach ja

die jugend von heute spielt am Computer
schaut fern geht in den club

die jugend von gestern
spielte auf der straße
und schaute in die röhre

die liebe jugend hat es
wie immer schwer leicht

was bleibt

jugendproteste
kommen und gehen
im alter sind sie
schöne erinnerungen
und es genießt das
verbotene

die freiheit ist eine last

coronaleugner wanderten aus
sie ertrugen nicht mehr die
coronadiktatur im land

im fernen osten fanden sie asyl
dort wird entschieden
so sind sie nicht mehr für
sich verantwortlich

ahoi

er will nicht aufblicken

angekettet unsichtbar
läuft der mensch durch die straßen
(schluchten gleich und höhlen)
nach links und nach rechts
vor und zurück

er sieht seinen schatten vor sich
er liegt zu seinen füßen
ihm glaubt er und folgt ihm
die sonne erkennt er nicht

nach dem erdbeben

er schaut ins leere
versteinert ist sein gesicht
seine linke hand greift
hält fest lässt nicht los
es ist die hand eines mädchens
erschlagen von den trümmern
es ist die hand seiner tochter
sein herz verstummt
er starb vor sonnenaufgang

dunkelheit im turm *

am lichthaken
hängt die schwärze

die stille
verschluckt
sich selbst

kalter hauch
steigt auf

* Holokaustturm im jüdischen Museum, Berlin

*birkenau * verwischte spuren*

schweigend steht er vor dem bild
schwarz-grau ist die fläche
rötliche streifen brechen auf

abstrakt abweisend flüchtig
das auge verliert die grüne spur
schweigend verließ er das bild

*Gemälde von G. Richter

sie winkte zum abschied

die tür zum flur blieb geöffnet
das fenster steht auf der kippe
die einsamkeit klebt an den wänden
und will nicht weichen

der tod ist zu gast

sie weiß es
sie erwartet ihn
sie schaute aus dem fenster
ihre augen winken zum abschied

zwanzig-meter-turm

sie stand mit dem rücken zur tiefe
sie wippte auf und nieder
sprang federleicht in die höhe
und sauste pfeilschnell in die tiefe
nicht ohne in der luft
zwei saltos auszuführen
um mit den füßen einzutauchen
das wasser spritzte
sie tauchte auf
sie lachte
pure lebensfreude

kindervorstellung

den mittwoch überspringt der clown
am samstag sind viele kinder im zelt
ihr lachen ist sein glückstag

die rote nase will er gar nicht absetzen
auf großen bunten schuhen
tänzelt er aus der manege

little boy oder wind im fingerhut

däumling ging in den wind
mit einem fingerhut haschte er
ein windwölkchen
er trug es ins haus

es tanzte vor seiner nase
kitzelte sein ohr
umkreiste die stehlampe
däumling amüsierte sich

dann öffnete er das fenster
windwölkchen flog davon
däumling lachte sich ins fäustchen

frühling

sanft glitt der traum in den tag
und wollte nicht weichen
die wirklichkeit noch unbekannt
die sonne stand im zenit
ich wachte auf
traumhaft das wetter
ein frühlingstag

im sonnenlicht

das unendliche tanzte vor meinen augen
im sanften abendlicht
ein lichtkorn einer weißen perle gleich
ich wollte es begreifen
es zerrann mir zwischen den fingern

unsichtbar

ich schaute nach oben
ich schaute nach unten
ich schaute in alle vier
himmelsrichtungen
die zeit sah ich nicht

sehnsucht nach anerkennung

poetinnen wünschen eine
*dichterin für den REICHSTAG IN BERLIN **
für eine angemessene apanage
mit wohnsitz nebenan

was sie wollen was sie wünschen
ihr vatermutterland soll friedlicher
gerechter ökologischer werden
das wollen sie das wünschen sie

hofdichter und narren
sind eine eigenwillige zunft
sie buckeln und singen vor und
für kaiser könige und tyrannen

sie sangen für den KAISER
»heil, kaiser, dir!
fühl in des thrones glanz
die hohe wonne ganz,
liebling des volks zu sein«

lucia jägan sang im DRITTEN REICH
»mit gott! gebt hitler alle macht!
er kämpft für uns und hält die wacht«

in der DDR sang der lars ludwig
»millionen herzen sind ein trauerhaus
stalin ist tot – sein herzschlag fehlt der welt«

johannes becher sang für ulbricht
»wer so wie du bist in sich fest begründet –
wer so wie du sein land sein deutschland liebt«

in der BRD sang günter grass
»dich singe ich demokratie«
und als alter mann stotterte er
»was gesagt werden muss«

so frei sang bettina wegner
»ist son kleines rückgrat
sieht man fast noch nicht
darf man niemals beugen
weil es sonst zerbricht«

was ist des deutschen vatermutterland

*SZ vom 11.01.2022

propagandisten | einmal schweigen

oh die medien diese medien
sie hecheln hinterhehr
sie reden schreiben viel
man hätte es wissen …

was können wir tun
was bieten wir ihm an
wie kann er sein gesicht wahren
natürlich auf augenhöhe

die medien dienen sich dem
kriegsverbrecher an und
spüren nicht den gehorsam
in ihren wörtern und sätzen

das aas

die revolution frisst ihre kinder
heißt es
mal sehen
wann der tyrann gefressen wird
die geier warten schon

futuristisch

die hoffnung stirbt zuletzt
als sie starb
plötzlich
und unerwartet
war die zukunft
wieder in der zeit
unverändert

öffentlicher brandaltar

nicht bücher sondern schleier
werden öffentlich verbrannt
o allah
warum prüfst du deine männer
siehst du denn nicht
wie sie leiden

erlöse sie von der pein
frauen ohne kopftuch anzuschauen
die frage sei schon erlaubt
warum hast du frauen mit schönen
schwarzen haaren geschaffen

du hast doch auch freude
an ihnen – oder

muharabah

frauen ohne kopftuch
das ist »krieg gegen gott«
sie haben gott gelästert zürnten
die hohen priester in teheran
sie verdienen die todesstrafe
allah ist unser
rief der kalte inquisitor
hinweg mit ihnen
hinweg hinweg

tröstliche worte

der russische soldat seiner
menschlichkeit beraubt
tötet foltert vergewaltigt

wird er selbst getötet
ist seine schuld getilgt
so kyrill der großinquisitor

die moral gleitet ab

die friedlichen
die friedfertigen
die den frieden stiften

sie werden ungeduldig
sie sind ungehalten
sie werden aggressiv

sie ertragen es nicht mehr
dass die erdenmenschen
sich nicht ändern wollen

nun greifen sie an
nun werden sie gewalttätig
die gewalt duldet keinen aufschub

ihre macht ist nackt und bloß
wie des kaisers neue kleider
nun ist sie lebendig schön

die natur ist absichtslos

du schimpfst auf deine eltern
und sonstigen vorfahren
sie lebten nicht nachhaltig
sie vergeudeten die ressourcen
sie waren nicht klimafreundlich

(ihr traum: die kinder sollten
es einmal besser haben)

was machst du mit der natur
du beutest sie aus
du frönst dem wohlstand
du musst auf die malediven
du fliegst nach neuseeland

es wäre besser gewesen
die alliierten hätten nach dem krieg
deutschland in ein agrarland
zurückverwandelt schön und grün
dann gäbe es keine umweltprobleme

und du könntest wieder
felder bestellen und schweine hüten
du müsstest nicht nach neuseeland
und auf den malediven schnorcheln

»welt gute nacht«

gesund und munter sang
der johann sebastian
»komm du süße todesstunde«
»der blasse tod ist meine morgenröte«

er wurde krank und starb
er hatte sich geirrt
krankheit und tod waren nicht süß
das jenseitige nicht todeswürdig

johann sebastian kam zurück
und schrieb die kantate neu
»jauchzet frohlocket«

durchs wattenmeer

es fuhr hinaus aufs meer
der schiffsmotor tuckerte leise
zwischen den inseln ankerte das schiff

ruhig still die trauergäste
die schiffsglocke ertönte
der kapitän öffnete die urne
langsam und feierlich

schüttete er die asche ins meer
weit flog sie hinaus
ins offene meer
blumensträuße gaben ihr geleit

dies irae verwehte im wind
das trauerschiff kehrte zurück
bevor die ebbe einsetzte
wellen kräuselten den bug

spruchweisheit

ist der weg das ziel
ist man immer schon da

nimm dem weg das ziel
dann mach dich auf den weg

wassermännchen

steig auf blubberte
der karpfen cyprinus
der kleine wassermann stieg auf
klammerte sich an die flossen
und los ging es durch den mühlenteich

sie verließen den teich
und schwammen hinaus
in den großen fluss
der kleine wassermann strahlte
in der warmen frühlingssonne

am flussufer quakten die frösche
die weinbergschnecken rutschten herab
wassermannmutter und wassermannvater
waren ein wenig besorgt

schönes haar loreley

ungehindert fließt der rhein
der felsen ist gesprengt
der lotse ging von bord
die schöne auf dem felsen

flochte nicht mehr ihr haar
der fischer gab auf
lore stand auf und ging
ins bunte märchenland

flussabwärts

dicht steht der deich
nah an der friedhofsmauer
davor steht die alte kirche
das weihnachtshochwasser
überspülte manche gräber

ein gast tritt ein
schaut durch das gittertor
und sieht an den wänden
fenstern und den säulen
mythen und legenden
für die einst menschen
tief empfunden

ohne eile fließt der fluss
und trägt die lasten
ohne wiederspruch

der grund des treffens ist unbekannt

die hitze in der wüste ist unerträglich
ausgerechnet hier ohne wasserquelle
treffen sich jeschua und luzifer
gegenspieler seit anbeginn
sie pokern wenn du … dann ich

steine werden nicht zu brot
er stürzt sich nicht vom berg
die macht lehnt er ab

der mensch wird zerrieben
zwischen wenn und dann
er muss alleine entscheiden

er kann nicht erkennen
was himmel und hölle trennt

entfremdete güte

es ist wieder so weit
im oktober beginnt
die vorweihnachtszeit

bettelbriefe trudeln ein
mit not- und elendsbildchen
und einem überweisungsschein

er ist die brücke die du gehen musst
du kommst immer bei dir an
den anderen begegnest du nie

für L. van B.

im anfang ist das ende
er dehnt sich
er streckt sich
er verweilt
der anfang will nicht enden
der schlussakkord nimmt ihn auf

flügeltango

lieben
leiden
gehen

nicht nachdenken
ist der schmerz vorüber

dann komm zurück
wir tanzen tango

ohne mitternacht
ohne mitternacht

unruhig ist der mensch

ertrag die gewissheit
es gab keinen urknall
keinen ersten anfang
der kosmos ist
vollständig
vollkommen
werden und vergehen
sind unbekannte zeiten
warum wollt ihr noch
dahinterdavor schauen

der himmel bewölkte sich

wind kommt auf
ich steige vom fahrrad
schau' in die höhe
wolken nähern sich vom westen
lautlos unmerklich schnell
sie werden dunkler
wölben sich
türmen sich
wetterleuchten
blitze ferner donner
dann kracht es
regen prasselt hernieder
der wind ist heftig geworden
plötzliche stille
der himmel klart auf
er ist blau

ein wintertag

schneeglöckchen
flockenweiß
straßengrau
straßenweiß

sonnenlicht
kamelienrot
helllichte wolken
weiß in weiß

VIII

verse-räuspern

ich versteh' dich nicht
rief der zweite vers dem ersten hinterher
der dritte vers wurde übersprungen
er war auf der pirsch nach seiner bedeutung

der nächste vers schwieg
er ruhte in seinem metaphernbett
der fünfte vers eiferte ihm nach

sie hören nicht auf mich
greinte der sechste vers
sie fühlen nicht mit mir

die verse eilten dem ende zu
in der irrigen hoffnung
dass der letzte vers es weiß

warum fehlen punkt und komma
was ist los im gedicht

einsam ohne zeit

es langweilte ihn
der computer langweilte ihn
der beruf ödete ihn an

da saß er
stierte vor sich hin
die fenster geschlossen

die zeit wollte nicht vergehen
er schlug sie tot
als er sie wieder brauchte
war sie verschwunden

die langeweile hatte ihn gekrümmt

mephisto kommt ins grübeln

er wollte das gute
und schuf das böse
was war geschehen

er will das böse
und schafft das gute
warum nur kann er

das gute nicht verneinen –
zweifel kennt er nicht

time code

klick
brauchst du länger als
fünf minuten für das gedicht
unverzüglich und sofort
(lesen und verstehen inclusiv)
dann wird es zeit
dann blättere um
klick

warten können

worauf wartest du
das weiß ich noch nicht
ich warte auf fragen
stör mich nicht
sonst erhalte ich
keine antworten

quantenpoesie

das wort ist
gleichzeitig da
und nicht da
nenne ich das wort
ist es da
nenne ich es nicht
ist es nicht da
seinen ort an sich
gibt es nicht

hör dir zu

mit dem zug fuhr ich in die hauptstadt
ich saß im großraumwagen
ich saß mir gegenüber
wir unterhielten uns

der nachbar wunderte sich nicht
ihm waren selbstgespräche vertraut
möchten sie fragte er höflich
dass ich zwei tassen kaffee hole
ich nickte dankbar

mein ich gegenüber freute sich
in hannover stieg es aus
den kaffeebecher nahm es mit
ich war wieder allein
im großraumwagen

discoträume im club

die silberkugel wirft
lichte sterne auf
die tanzfläche

versonnen tanzt
das junge paar
jeder für sich allein
gemeinsam entzückt

swingende töne
umschmeicheln ihre körper
verweigern ihnen die nähe

schon dreißig

sie verabschiedeten sich
sie warf noch einen blick
über die schulter
das haar hatte sie gelöst

er sah es
er folgte ihr nicht
ihren blick nahm sie zurück
sie bog um die ecke

anmutig

sie geht in seinen kopf
sie gibt ihm das gefühl
dass er entscheidet
er lächelt versonnen
so mag sie ihn

du lächelst

schlaf mein kind
du lächelst in deinen träumen
ich höre dich flüstern
in einer fremden sprache
dort bist du zu hause
schlaf mein kind

sechs jahre alt

das kind hockte auf dem boden
schrieb ab das gedicht
die buchstaben purzelten
freudensprünge auf den zeilen –
nun gehört es ihm
das kind hat es sich zu eigen gemacht

das unzeitgemäße

das gedicht
aus der zeit gefallen
ein anachronismus
in der zeit

es wird verdächtigt
nutzlos im trüben zu fischen
blind zu sein
für die gegenwart

das gedicht löckt
wider den stachel
und verfremdet
den augenblick

VII

wer zupft da an der metapher

ja wer liest gedichte

der rentner im supermarkt
möchte mich besuchen
er versteht manches nicht
er kommt

der akademiker o je
der kräuselt die nase
er hat das große latinum
und sucht das prädikat

die verkäuferin in der tankstelle
kennt einige verse
der junge fragt
entsteht das alles in deinem kopf

nach der lesung fragte ein
schwergewichtiger mann
hast du ein gedicht nur für mich
trag es mir vor

ja wer liest gedichte

woke jugend

immer ist die zeit so schnell vorbei
jedes jahr eine neue jugend
sie kennt den weg
sie kann ihn nicht gehen
wer räumt die hindernisse aus dem weg

weit schaut die jungend hinaus
an den ufern der meere
auf den gipfeln der berge
es ist mühsam
nicht verloren zu gehen

wenn ihre zukunft an den alten
ausgerichtet wird

im stadtgarten

einsam hockt der junge auf der bank
vornübergebeugt
die hände um die knie gespannt
sein blick geht nirgends hin
früh erschöpft junges leben
es ist schon herbst

die blaue blume ist verwelkt

wie auf bunte splitter in einem kaleidoskop
schaut der mensch auf seine wirklichkeit

verunsichert und ungewiss dreht und
wendet er die splitter zum anfang

doch sie lassen sich nicht formen
die ganzheit ist zersplittert

die geister die er rief sind frei

vogelgezwitscher

ibis und die taube
trafen sich auf einem turm
sie schauten sich an
sie schauten herunter
was sie sahen
beruhigte sie
keiner schaute hinauf
sie ließen die menschen glauben
in der höhe
ganz weit da oben
in den wolken
wohnten die götter
ibis und die taube
gurrten vor vergnügen
zwei federn segelten herab

terra

das reiskörnchen erde
eine schöpfung aus uralten zeiten
verglüht wenn die pole schmelzen
das ahrtal in den fluten versinkt

die erde ein sternschnuppen
mit einem lichthellen schweif
unter den milliarden galaxien
so endet die mär von der schöpfung

es war einmal

lebendigtot

der tod ist eine
rast vom leben
der weise legte sich nieder
als er aufwachte
hatte der tod ihn vergessen

im gesteinspark

gebannt schaue ich auf die steine
viele millionen jahre alt
mächtig anzuschauen
wovon erzählen sie
steinernd schweigen sie
doch ich höre sie
und ich begreife
es ist gegenwart
versteinerte form der zeit

flüchtig

gefühllos der sprecher
kalt die zahl
die toten sind vergessen
im säulendiagramm

spiel mit

es tut gut
gefunden zu werden
die sehnsucht ist groß
eins zwei drei vier eckstein
alles muss versteckt sein
eins zwei drei wir kommen
das kind lugte um die ecke
die eltern taten so und
nahmen ihr kind in die arme

keine metaphysik ist von dauer

verlange keine gewissheiten
bemühe dich nicht um ein
immer währendes fundament
das gibt es nicht
sei offen für fragen
lass zweifel in deine unkenntnis

lüfte den schleier der leere | sunyata
sie ist leer *
mit unendlicher fülle

* Nagarjuna (2. Jhd. n. Chr.)

weiße vogelfeder

das kind hüpfte im garten auf und ab
was es tat
seht
es blies eine weiße feder vor sich her
sie tanzte auf und nieder

das kind will die feder fangen
doch wie soll das geschehen

halt die luft an
flüsterte ihm ein floh ins ohr
das kind hielt die luft an
die feder segelte hernieder und
kitzelte ihm sein anderes ohr

diese frage

immer diese frage:
warum lebe ich
der meister sprach:
»ich lebe darum,
dass ich lebe.
ohne warum
*lebt das leben.«**
nun muss es gut sein
geh und lebe

* Meister Eckhart

ziemlich allein

im kerker saß johannes
er kannte seinen freund
unter wasser hatte er ihn getaucht
er zweifelte er fragte bist du es
er soll gefälligst nicht an ihm zweifeln
es geschehen doch zeichen und wunder

sein freund besuchte ihn nicht

er wurde enthauptet
frauenpower hatte sich durchgesetzt
sein kopf wurde ihnen auf
einer silbernen schale gereicht
und steht jetzt in einer vitrine

sein freund hat ihn vergessen

ohne zwänge

der hirte machte sich auf den weg
auf der suche nach seinem schaf
(es war weiß und nicht schwarz)
das schaf war nicht verloren
es hatte die hürde übersprungen
es wollte leben
frei sein
kein hund sollte es mehr jagen

in den auen

ruhig steht in den auen
ein silbergrauer reiher
frösche quakten vergnügt
der reiher beugte sich herab
und schaute sich um
einer verstummte

ach elvis

er singt und tanzt
er swingt und wippt
frauen und mädchen
sind entzückt verrückt
nach ihrem idol
sie rennen zur bühne
er beugt sich herab
er küsste sie
so flott er kann
er muss noch singen
hüpfen springen
schon stehen andere vor der bühne
wie viele muss er noch küssen
die er geküsst hat sind selig
sie träumen von nächten
die sich nicht erfüllen
und elvis singt und schwitzt
bis zur erschöpfung

lesung in der herbstsonne

die schwarze rabenschar
saß in der birkenkrone
der wind hatte die letzten blätter verweht
in gebührendem abstand
doch laut und klar
trug ich ihnen gedichte vor

für einen moment hielten sie ihre schnäbel
und störten nicht mit ihrem gekrächze
als ich schwieg öffneten sie die flügel
und stürzten sich auf die gedichte
sie zerhackten und pickten sie auf –
ich hatte eine sorge weniger

zum gedächtnis

»Der Boden ist kalt.« – Dinçer Güçyeter

still erwartungsvoll saßen die trauergäste
im weiten rund der trauerhalle
der bestatter begrüßte die trauergäste

nach einer andächtigen atempause
plötzlich und unerwartet
ertönte ins weite rund
»es ist noch suppe da es ist noch suppe da«
tod wo ist die prinzengarde

kein bild der toten
kein sarg keine urne
wo war die leiche
wo die tote

der bestatter erzählte aus dem leben der toten
leise würdevoll
er war nicht zu verstehen
die trauer war dahin

nach einer andächtigen atempause
plötzlich schon erwartet
erklang ins weite rund
»wir lassen den dom in köln
da gehört er hin«
tod wo ist das tanzmariechen

tod wo ist die tote
tod wo hast du sie begraben
tod mach keine witze

mit dem lied »let it be« der beatles
wurden die gäste entlassen
die trauer war verflogen
für beileid gab es keine zeit
es fehlten die hände

die besucher verließen den friedhof
ihnen bleibt in erinnerung
der tod ist carne vale

wechselbeziehung

die zeit krümmte sich
schnell vergessen ist der mensch
zu lebzeiten schon vergessen
das meer ist in den gezeiten

Inhaltsverzeichnis

II

III

IV

VII

VIII

VII

X

im chinesischen zimmer *

der deuter beugte sich über den text
sein kopf schwankte bedeutsam hin und her
fasziniert von den schönen zeichen
tauchte er ein in mystische gefilde
was er sah machte ihn sprachlos

* John Searle